www.ingramcontent.com/pod-product-compliance
Lightning Source LLC
LaVergne TN
LVHW081917250125
802166LV00043B/1741
* 9 7 8 1 7 2 4 5 1 6 0 6 0 *